국제문화 예술상 수상
수상자 시인 홍영택박사, 김선 링컨평화재단 총재

국제문화예술상 수상
김석인 본부장, 수상자 시인 홍영택박사, 김선 링컨평화재단 총재

국제문화 예술상 수상
형님 홍명택님과 수상자 시인 홍영택박사

국제문화 예술상 수상
좌로부터 작은며느리 김성미, 큰며느리 박미영, 수상자 시인 홍영택박사

빗물에 씻긴 사랑

2015 국제문화 예술상
시부문 본상 수상작

양서의 전당
도서출판 엠-애드

시인의 말

받아쓰는 單純한 일로, 詩 資本은 하늘 한 번, 땅 한 번 보고 얻은 반짝 떠오르는 느낌으로 마구 써 내려가는 일필이 무작해서 때로는 생각을 수 십 번 수정하고 달도 별도 섞어 담아내기도 하는데, 누군가가 담 넘어 휙 던져 주는 짝 잃은 늙은 고무신 한 짝도 하얀 머릿속을 일깨우는데 꽤나 素材거리로 반갑습니다.

어떨 때는, 밥도 안 나오고 돈도 안 되는 일에 바쁜 農事일 제처 두고 해가 지는지 달이 뜨는지도 모르고 선비 모양새 타령에 옷매무새나 다듬고 하는 짓이 딱 빌어먹을 運命인가 싶은데 生活이 조용히 굴러가는 걸 보니 그도 아닌 것 같고, 대체 뭐하는 선비냐며 굴곡 된 시선으로 보는 주위 말들이 주루루 꿈속 바가지 조각처럼 내려앉습니다.

詩처럼 맑고 포근하며 잘 익은 農酒같이 여러 사람들이 함께 즐기고, 酒幕집 아낙의 따뜻한 情같이 푸짐하게 살고 싶어 이에 그 누가 뭐라 해도 介意치 않습니다. 그래도 옆에서 자꾸 나서는 말들에 토를 달아 보기도 하지만, 이 또한 꽉 찬 오래된 간섭이기에 반듯한 대꾸도 못했습니다.

세 번째 傳說 같은 작은 所見으로 받아쓰기 하였습니다.

2015. 12 천왕산 마루
첫 싸락눈이 오는 창가에서　홍 영 택

목차

1부

2부

3부

4부

5부

6부

1
빗물에 씻긴 사랑

빗물에 씻긴 사랑

빗물이 눈물 되어
소리 없이
내 가슴에 흐릅니다.

가늘게 가늘게 흘러
마음에 남은
애틋하고 그리운 들국화 향기가
지워지려 합니다.

어느 날 당신이 느닷없이
싸리문을 닫던 날
외롭고 쓸쓸한 外風외풍에
어찌할 바를 모르고 울었습니다.
슬픈 눈물이 비가 되어 소리 없이 흘러
발을 적십니다.

이제 알았습니다.
그것이 이루어 질 수 없는
인연이라는 걸
남겨주신 그 때의 아름다운 들국화 향기

이제 비에 씻겨 내려갑니다.
머—얼 리
머—얼 리
떠 내려 갑니다.

그러던 그대가

어디론가 훌쩍 떠나고 싶어
애원하던 그대가
바람에 날리는 민들레 홀씨처럼
집을 떠나 잠시라도
자유로워지고 싶다던 그대

장난삼아 지펴 놓은
사랑의 불씨는
시간이 가면 꺼진다고
그대가 말했던가요.

세월에 긴 오랜 기다림에도
사랑의 불씨는 꺼지지 않고
더 활활 타 오르고 있습니다.

눈부신 빨간 사랑을 잊으셨다면
본래의 자리에
나를
나를
조용히 내려주세요

참된 사랑

그 대 앞에 서면

이게 아닌데
 이게 아닌데 하면서
목소리가 떨리며
하루가 가고
이틀이 가고

괜찮겠지
괜찮겠지 하면서
가슴이 떨리며
한걸음 다가가고
두 걸음 다가가고

나도 모르게 자라난
불치의 병
이제 돌아설 수 없는
마음의 병

참 사랑의 병

꽃상여가 떠나던 날

—이제 가면 언제 오나
가마솥 삶은 개 멍멍 짖으면 오지—
—황천길이 멀다 해도
문턱 앞이 황천 길 일세—

굽이굽이 산모퉁이 돌아
꽃상여 타고 아버지 말없이 가시는 길
먼 길 가신다고 상여 앞
목 메인 종구장이 선창에
돌담을 넘어온 장미꽃도 울었습니다.

구슬피 울며 떠난 꽃상여 길
나락 짐 지고 삼부자 오순도순 오고 간 좁은 들길이
곱게 포장되어 버스가 횡 하니
바람을 흔들고 갑니다.

아버지 생전에
나 죽으면 논 옆에 묻어라 영혼이라도 남아
너희들 자주 보게 하셨는데
그 여름 찌는 한더위 짤막한 유언

인자하신 모습이 스쳐 가는데
얼굴 한번 본 적 없는 손자들은
마냥 즐거운 듯
들꽃처럼 까르륵 터지는 웃음
홀로 외로운 길입니다.

*종구장이: 시인의 고향 방언으로 꽃상여 앞에서 먼저 슬픈 소리를 내는 사람

스승의 날

신령님도 무릎 꿇고 예를 바치는
스승의 날입니다

별과 바람
그리고 달도
산마루를 돌아나는 산새들도
졸졸 흐르던 계곡물도
분주한 일상을 늙은 복숭아나무에 걸어 놓고
고요히 잠든 밤입니다.

잠자리는 따뜻하고 편안하시며
불편함은 없으신지요.
찾아뵙지 못한 제자 용서하십시오.

청정의 고고한 품위와 자태로
피어나는 睡蓮花수련화가
고운 스승님 품성이기에
숭고한 희생과 거룩함을
睡蓮花수련화에 받들어 찬양합니다.

가냘픈 손가락, 스승님의 가르침
꼬깃꼬깃 깨 알 같은 바느질로
어수룩한 세상을
하얗게 하얗게 기워 실천하겠습니다.

뿌린 씨앗이
거룩한 천사의 길로
빛나게
빛나게
받들겠습니다.

풀잎 사랑

연꽃처럼 화사한
그대의 분홍빛 웃음이
그립습니다.

늘 흘린 말이
사람의 마음은
쉽게 변하므로
약속 하지만
지키지 못할 언약 같은 것은
하지 않는다며 굳건한 척 했지만

금방
실바람에도 흔들리는
연약한 풀잎사랑을
서릿발처럼 매섭게
안 그런척 툭!
던졌지요

가시 돋은 풀잎은
사랑의 빗물에 젖어
가슴 속에

흘러
흘러
그립고 보고픈
씨앗이 되었습니다.

바닷가 일기

아내와 가사 일에 바늘 침을 세우고 나니
날씨조차 씨근덕거리며
서글프고 을씨년스럽기 까지 한 날

악을 쓰며, 세상 동물은 다 없어지라고
고래 등 같은 소리를 지르고는
힘없는 자동차 바퀴에 몸을 싣고
매서운 바람을 낚아채 듯 달려
삼천포 항구에 다다르니

포구를 주름잡는 갈매기가
너 같은 건 아무것도 아니라며
삶을 물속에 사정없이 내리 처박기도 하고
젖은 날개로 새우깡 든 손바닥에 앉아
사는 게 쉬운 일이 아니라며
생을 추억처럼 풀어내기도 하는데

바다와 맞서는 매서운 바람은
얌전한 바다를 모질게 울음으로 내몰아
멍들게 하고, 마침내 물속 자식들을
얼음 옷을 꺼내 입히고는 돌아앉는다.

부모 팔아
친구 산다 했던가.
산그늘 드러누운 구석진 골목에서 살아 온 생이라
깨끗한 피 같은 친구도 사지 못했고

참나무 갈피 같이 튼 손발을 들고
쐬주를 죽어라 퍼 마실
동반자도 이제는 없다
난 늘 혼자였으니까

오늘은
민들레 홀씨 같은 마음이다
칙칙한 마음을 씻자
소금물로 박박 문지르자
간물을 실컷 퍼마시며 갯바위에 마음을 씻고
고이 다스리지 못한 어리석음 하늘로 하늘로
흩어 버리자

그나마
바다가 가까운 게 다행이구나.......

自畫自讚자화자찬

내 생에 꿈에도 그리던 명예를 기필코 해내던 날
그림이 좋고 詩가 좋아
거미줄로 벌레를 잡 듯
나도 줄을 쳐서 이름을 걸었지요.

녹슨 철사 같은 억센 욕구로
용을 써서 얻은 공덕이
발 앞에서 환하게 웃는데
글쎄 난
김빠진 시루처럼 얼싸안고 웃다가
울다가 했습니다.

돌아보니 아무도 없는 썰렁한 벌판에서
자화자찬 한 까닭에
정신 줄 잡으라고 느닷없이
밤송이가
이마를 때렸습니다.

이제부터는 옆에
그 누가 있든 없든

혼자서 이 지구를 지키며
울다가 웃다가
실성한 듯
그렇게 살겠습니다.

선비

글만 읽던 선비 집에
손님이 찾아 왔습니다.

마당을 쓸고 있던 아내는
손님 접대할 걱정에
손만 만지작 만지작 안절부절 하는데

- 이 보오 부인
오늘 점심은 쌀밥에 동동주를 주시구려.
귀한 손님이니 극진이 모시도록 하구려 -

- 대감님
집에 쌀이 떨어진지가 닷새가 넘어
쌀밥을 드릴 수가 없어 걱정입니다. -

그러자 선비는
- 여보오 부인 그럼 편을 하시오 -

편은 쌀이 아니고 나물로 하는지 원......
집안에 장이 끓는지 국이 끓는지 모르고

풍월만 즐기던 선비는

— 아침에도 하얀 이밥에 갈치 국을 먹었는데
부인보기 부끄럽습니다. —

아-하!.
나도 줄곧 밖을 나돌지만
된장이 끓는지
국이 끓는지
모르는 저런 선비는 반갑잖은데....

일평생 들을 말

돈도 안 되고
찾는 사람도 흔치 않고
일 같잖은 걸 하면서
여행하며 소재 감을 찾는다고
조선 한량은 되는데

마냥 돌아 올 때는
남루한 차림새에
몇 안 되는 긴 수염 나풀나풀
세상 어디에도 없는 춘향이 도령인가
글쟁이랍시고 수지계산을 하는지
창가에 밥상 펴고 앉아 있는 모습이
꼭 참봉영감이고
그래도 품격 있고 박식한 식견이 있어서
위안은 된다고 치더라도

끼니나 때우고 다니면
내 손길이 없어도 되겠다 싶은데
그도 아니니 이제 제발
집에서 놀면 비용이라도 덜 난다고

근심 줄기를 털털 털어내는 아내

끝날 줄 모르는 저 말
시 쓰는 일로 道袍도포를 벗을 때까지는
늘 들을 것이다.

돌아 설 수 없는 恨

(이산가족 만남을 보고)

반세기가 넘도록 기다리다
쇠털만큼 남은 목숨 근근이 이어
이제 겨우 만나 팔 흉터, 목에 점보고
서로를 알았는데
채 울기도 전에 돌아서야 하다니요

기다림을 恨으로 보낸 세월
불효의 눈물이고 부부이별의 눈물이
국경도 없이 흐르고 흘러
대동강에 흐릅니다.

돌아가는 뒷모습에
흐르는 눈물은
怨恨의 총칼이요
녹슨 철조망인데 어디서 그 매듭을
풀어야 될지

恨 맺힌
저 북녘의 동토
산꼭대기 철조망은
언제
언제
무궁화 꽃을 피울지!..........

무궁화 꽃

고을고을 천하에 흩어져서
만물을 머금고 사는 봄이련만
그런 봄도 못 가는 곳
삼팔선이더라.

철조망 몇 겹을 서슴없이 넘나들며
산새들이 알을 낳고
자유의 먹이를 찾는데
눈뜨면 저 강 건너
핏줄 손목 한 번 잡으려니 천리만리로다.

남쪽의 무궁화 꽃바람
그 화려한 꽃바람은 어디서 졸고 있나
아예 돌아 앉은 거냐
철조망 넘어는 왜 불지 않는가.

둥지는 북쪽에 두고
먹이는 남쪽에서 찾는 새들을 보면
저네들도 그걸 아나 보다

무궁화 꽃의 자유와
넉넉함을.....

바닷가에서

바닷물도 이슥한 밤이면
따끈한 방에 이불 속에서
임의 품에 코를 골며 자고

가끔은 작은 배들이
기적소리도 없이
대낮처럼 밝은 빛으로
포옹한 채 포효하며
잠든 바다 부부를 깨운다.

수많은 자식들을
길러내는 바다는
오늘밤도 몸이 아픈 새끼들을
갯바위 등에 업어서 달래느라
철벅 철벅 밤을 설치는데

나는 살랑살랑 일어오는 파도를
돌돌 말아
추억으로 덮고 잔다.

2

혼을 버리는 날

魂혼을 버리는 날

뭐가 바쁜지
바쁘게 사느라고
아내를 아내로 보지 않고
늘 곁에서 시중을 들거나
아이를 키우는 보모로 여긴 탓일까

함부로 입 밖으로 던진 말들이
부메랑이 되어 돌아왔다
수신제가도 못한 주제에
시를 쓴다고 꺼덕거리는 걸 본
닳고 닳은 마당비가 웃는다

푸른 입술을 파르르 떨며
격앙되어 무덤까지 가져갈 막말로
가슴을 내 민다.

내가 왜 이리도 교양 없는 태도로
부부간의 대화를 하는지 모르겠다
숙고하고 또 숙고하고 자숙하자
아내를 바로보자 내가 왜 이러나

달포 쯤 지나 돌아와 보니
무슨 짓을 한 건지 눈이 멍했다
제자리로 돌아오려면
시간이 꽤 걸리겠다

수신제가부터 하자 기필코.......

離別 이별

나무도 풀잎도 싱그러운
7월의 산책길
나무 저네들은 서로 거짓말 안하고
속고 속이지 않으며 항상 평화로운데

추운 겨울을 염려하여 인간에게
옷을 달라거나 이불을 달라고도 하지 않고
보일러 기름을 달라고도 않는다.
그래도 매서운 겨울을 슬기롭게 넘어
여름, 그 시원한 그늘을 주는데

인간은 그 나무를 잘라갔다

나무들은 서로의 이별에 통곡하며
무거운 산을 내려놓고
집을 잃은 새들에게
이 세상의 야속함과
인간들의 소갈머리를 탓하며
다시 올 수 없는 먼 길을 떠난다.

소변기의 微笑미소

앞으로 앞으로
한 발짝만 더 앞으로
신사의 체면을 지키시오
문화인의 긍지를 가지시오

소변기 위 벽면, 눈높이에 보기 좋게
신사의 자존심을 자극하여
변기 밖으로 소변의 흘림을 막고자
앞으로 조금 당길 것을 부탁했던 글귀.

사내들의 장난을 이용한 참신한 생각으로
파리가 그려진 소변기
그 파리를 향해 발사
쏴—아
파리를 정 조준하여 발사
계속발사 해도 꿈적도 않는 파리

실탄이 떨어지는 순간
단 한 발도 변기 밖에 誤發오발되지 않았다

그야말로 문화인의 긍지와
신사의 체면을 지키는 순간이다

부부 사랑

뙤약볕이 타는 동네 어귀
지천명을 지난 듯한 부부가 부둥켜안고
쓰러질 듯 삐딱 걸음으로 길을 간다.

오륙 십 아직은 팔팔해야
남겨진 씨앗들을 정리할 텐데
입에 담기도 싫은
기억 상실증에 손목을 잡힌 아내 몸을
운동시킨다며 비지땀을 흘리고
웃으며 간다
또 한 젊디젊은 아내가 남편을 휠체어에 태우고 가는데
남편은 찬물 주지 않는다고 물그릇을
길바닥에 팽개치고 쌍욕을 해도
저 세상까지 함께 갈 사이
내 운명이라며 받아 넘기는 아내

가만히 보노라니
나를 의심하게 됐고
아내에게 한 가지도 챙겨주지 못하면서
내 욕심만을 앞세웠다

나의 날은 얼마나 남았을까
행복한 새로운 세상의 꿈을 향해
발길을 돌린다 ....
여보시오!. 정 여사!.... 가시버시
사랑해!.......... 손잡고 갑시다.

벚꽃 길

아지랑이가
탱자나무에 걸어 둔
일 년치 빛바랜 생을
짊어지고 와서는
4월의 세상 문턱에 내 거는 봄날

눈곱 낀 벚꽃이
하늘의 눈물샘에 몸을 다쳐
사흘의 허무한 생의 꽃잎을
하나하나
바람에 실어 떠나보낸다.
끊어진 철길로

나는 靈영을 지고 저 멀리
또 다른 생을 위해
새로운 삶의
짐을 찾아
맨발로 나선다.

4월의 벚꽃 길을.....

품안에 있을 때

내가 뿌린 씨앗
옥이야 금이야
키우고 가르쳐서 세상에 보냈다

둥지를 떠나려는 자식들에게
내 품안에 있을 때처럼
살갑게 함께 지내며
부대끼며 살아야 가족이라 일러도
세상이 많이 변했다며
삐딱하게 핑계를 대고는
저희들끼리 헛 공산 한다.

이제 내 뿌리를 내려야 한다고
그게 당연하다며
가끔 손님으로 올 거라고
골목이 복잡도록 낄낄거리며
눈 오는 산골
까치집을 떠난다.

산토끼가 만든
새 하얀 눈길을
타이어가 웃으며 걸어간다........

못가는 길

이웃에서 해외여행을 간다고 부산하다
젊어서는 시간 없어 못가고
이제 남는 게 시간인데
여행하기 좋다고
작년에 퇴직한 아저씨는
아이들처럼 조른다.

경제가 해결되지 않아
다음에 가자고 하니
나중에는 힘이 없어서
여건이 되어도 못가고
몸 아프면 원망할 곳도 없다며
귀에다 소곤소곤 눈 딱 한 번 감자는데.

갈 수 없는 길을 염원하다
얼마 지나지 않아
허리 아프고 무릎 아파
아무데도 못 간다.

천대 받지 않게
화장실 길은 막지 말아 달라고
뒤란 밤나무 木神목신에게
눈길 주며 빈다.

여름밤의 작은 별

하늘에서 내려온 별들이
산돼지처럼 나락 논을 뒤지고 다니다가
마당가 우물에서 놀고 있는 초저녁

모기떼가 이악스럽게 달려드는 마당멍석에
어머니는 옥수수를
바지게로 삶아 놓으시고는
모깃불을 지피시곤 했는데

이웃에서 마실 오는
발자국 소리에
우리 남매들은
옥수수를 소 풀 더미 밑에 숨기고
자는 척 하다가 잠이 들면
엄마 잃은 작은 별들이 내려와
먹고 갔다고
아침에 어머니는 웃으시며
하얀 옥수수 빈 통을
소 마구 앞에 던지신다.

아이구야 !.
아이구야 !.
'내 옥수수 다 어쨌노'
닭 똥 같은 눈물로 발등 깨는
그런 산촌 달나라에서 살았다

앵두나무

뒤 뜰 앵두나무
여름에 그렇게도
푸른 허벅지를 자랑하며
늘씬한 몸을
야시시하게 비비고
늘어지게 꼬더니만

벼이삭 여무는 이른 아침
서툰 갈바람에
싱싱한 청춘을 다치고서야
허무한 자기 일생을 돌아보는데

빼꾸기가 앉았다 간
자리마다
눈물이 맺힌다.
서글픈
시든 눈물이...

허송세월

봄꽃이 만개한
배나무 밑에서
손자들이 까르르 웃는 모습을 보고
나를 찾았습니다.

모래알처럼 수많은 날들을
만지고 왔음에도, 중심에
나무 한 그루 심은 게 없었지요.
술과 관포지교 하여 몽롱한 세월만
헤아리고 있었습니다.

뜨락엔 짝 잃은 고무신 한 켤레가
늘 내 발목을 기다릴 뿐
새파란 청춘은 말 많은
참새들이 다 들어다 먹었지요.

그래도 이유를 댄다면
인생의 팔부능선 쯤에서
새빨갛게 녹슨
갈 之지자 걸음만 화려하게 남았습니다.

요즈음 들어

요즈음 슬픈 노래만 들어도
눈물이 이슬처럼 핑 돌고
서산에 저녁놀만 봐도
아버지 생전의 모습이 보인다.

자고난 아침은
상쾌하고 기운이 살갑게 돋을 땐데
아픈 곳이 생기고 부터
악센트가 강한 말투가
입가에 자주 열린다.

남들은 그 나이면
한창 아지랑이 피고
호랑이도 대적할 시절인데
젊은 것이 무슨 말을 하냐며
핀잔을 주지만
다 내 팔자인 걸 보면
벌써 오지랖에는
시든 꽃잎이 보인다.

하루 일 마치고 퇴근길에
대포 집을 찾는 사람들처럼
오늘도
늘 가는 농삿길
그 하루 길을 간다.

2014를 보내며

안 된다고
안 된다고 사정해도
대 놓고 우기는 세월의
녹슨 철사 고집에
매제를 빼앗겼고
이른 봄철에 헐렁한 정신으로
끄떡 자떡 자루 빠진 괭이처럼
교통사고를 당해 숨통을 날릴 뻔하고
난데없이 무릎이 소리가 나드니
발걸음이 애를 써도 제자리다

의사는
그만치 쓰면 그리됩니다. 누구라도…

남의 일이라고
아무렇지 않게 말하지만
자기가 아파도 말을 그리 할까
찌릿찌릿한 아픔의 욕지거리가
입가에 호박꽃으로 피어 시들지만

남이 다 살고 간
늙은 세상에
홀로 절뚝 걸음을 묻고 간다.

내가 만든 고향에는

전원주택을 짓고
여물도 썰어서 소죽을 쑤고
닭을 키우고
염소, 소도 길러보려 했습니다.

하여 쟁기 써레도 만들고
멍에도 만들었습니다.
새 집에 복을 부른다고
가장 먼저 준비하는
소코뚜레도 만들어
상기둥에 걸었지요.

골목에는
감나무를 심었고
원추리도 심었는데.
봄은 새봄이라
늘 각시처럼 오지만
내 봄은 먹다 남은 막걸리 같아
내어 놓기도 변변찮습니다.

다만 많은 생각에 잠기는 건
아버지 고래 등 같은 고질병
기침이 없고
어머니의 설움 땀방울 족쇄
호미가 없는 전원입니다.

아들딸에게 보내는 편지

사랑하는 아들딸아
아빠 엄마가 요즈음 자꾸 힘이 없어지네.
하여, 몇 가지 부탁 좀 할께

아빠 엄마가
지금 너희들처럼 젊었을 때
너희들을 보듬고, 업은 채 일을 했고
몸에 열이 나고 驚氣경기를 할 땐
밤중 잠결에 약을 사러가고

뜨거울까 음식을 내 입속에 식혀서 먹였으며
젖은 기저귀를 갈아주며
뽀뽀하며 예뻐해 주었단다.

사흘이 멀다 하고 밤을 낮 삼아 울어대면
업은 채 무릎 꿇고 삼신께 빌면
새 날이 밝았고
이를테면 잔뜩 나이를 먹은 세월이란 놈이
너희들 곁에 앉아 자리 샘을 해
많이 싸우고 달래며
그렇게 너희들을 키웠단다.

사랑하는 아들딸아
아빠 엄마는 이제 그 때와 같은 힘은
다시는 돌아오지 않으려나 보다

정신이 흐릿하며
자꾸 잊음이 심하고
목욕하는 것조차 힘이 들고
무릎이 시큰거려
화장실 걸음도 힘겹구나.
혹 헛소리하고
가끔 너희들을 못 알아보더라도
행동이 너희들을 몹시
귀찮게 하더라도
미워하지 말고
한 번쯤 돌아봐주고
이해해 주렴

너희들이 자랄 때
아빠 엄마가 했었던 그 때를
잠깐이라도 돌아 봐 주렴

부탁해!...

사랑하는 아들딸아
사랑하는 내 새끼들아
너희들을 위해서라면
그 무엇도 아끼지 않았단다.......

산 까치

내가 지어준 이름
산 까치를 때까치라 부른다.

산방을 꾸민지 보름
이 부부 방에는 깨질 것 같은
銀卵은란 다섯 개를 낳았다
서툰 엄마가 보듬는 銀卵은란을
꼭 깨트릴 것만 같아서
내 발바닥이 다 간지러웠는데

길섶에 집을 짓고 産房산방을 내어 보이며
새끼를 키우려 한 건
인간의 간사함을 믿었으랴?.
아 하-
제발 나를 믿지 마라, 산 까치야
부질없는 욕심으로 불효자가 되었고
친구를 버렸으며
양심을 버리면서
간사함으로 자리를 지키고
앵두만한 자존심을 내 세웠단다.

산골에 살아 이웃도 모르는
산적 같은 나를 믿지 마라.
산 까치야.
때까지야....

사모곡

시를 쓰며 한 뭉치 세월을 보내며
밥을 빌어먹어도
어머니 노랫말 시 한 줄도
없습니다.

뜬눈으로 밤새우며
이 몸 키워 준 은공을
몇 자 시로 담아 낼 수 있을까요

한숨으로 살아 온 세월
노래로 불리어져도
그 깊이를 몇 자 글로
담아 낼 수 있을까요

골목길을 아픈 다리 끌며
어린 나를 옆구리에 끼고
양동이 물질 오갔는데

저승길이 실개천 빨래길 인양
눈물 머금은 채

가물가물 오리밭골* 산으로
그렇게 가셨습니다.

*오리밭골 : 시인의 고향 마을 앞에 나지막한 야산

내 영혼을 위하여

한 뼘 되는 운명의 복을 받아
험한 세상 맞서고 보니

마음으로는 천하를 호령하고
정신으로는 세상이 다 내 것 같고
몸으로는 성한 곳 없이 세상의 모서리에 부딪히며
겁 없이 덤비며 버티다가
예순 산 고개를 넘었건만

보이는 건 어둡고
소리 없이 낡고 병든 몸뚱이 뿐이네
원망하지 말자
탓하지도 말고
후회하지도 말자

이 서글픈 작금의 현실도
내 영혼을 위하여
최선을 다하여 왔으니
여기서 위하여를 외치자

위하여!.
위하여!……
내 영혼을 위하여……

개천예술제

임진년에 설치던 왜적이 남강에 강도처럼 오고
한 맺힌 조선의 누이 무궁화 논개도 왔다
촉석루 뒤뜰 연분홍 백일홍은
민족의 한을 훔치는데

남강 石壁석벽 서장대에 흐르는 조선인의 정기가
설대 숲을 지키며
민족의 충절을 외치고
은빛 반짝 반짝 모래알은
수십만의 화살촉 함성으로 일제히 기백 하여
붉은 왜적 侵掠침략 旗기를 불태운다.

왜적은 들어라
하늘을 우러러 똑바로 보라
이 고요한 아침의 나라, 질풍의 함성이
무섭지 않은가.
조선의 융성 앞에 무릎 꿇고 사죄하라

민족의 겨레여!..
두려워 말고 피하지 마라

힘을 모아 백의민족의 노도가 되어
저— 붉은 등짐 왜적을 몰아내자
삼천리강산 방방곡곡에 민족의 한을 파내고
불멸의 무궁화
무궁화 꽃을 심으리라 ....

깨끗함이 좋아서

일흔 고개 넘어 오신 성수근 어른
일흔을 목전에 두신 성시웅 어른
두 어른을 마주하면 꾸밈없고 소탈하며
웃음꽃 인자함이 곧 말씀이고 대답인데

미륵암자에 내 집처럼 와서는
전설 같은 고달픈 세상 시끄러운 하루치 삶을
지고가야 할 짐인 걸 알기에
원망 하지 않았고 가벼운 짐 욕심내지 않았으며
화려하지 않아도, 오직
너를 위하여 이 한 몸 불사르며 살았을 뿐이라고
내 생의 부채질에 날릴 먼지도 없고
모르게 왼 손에 쥔 것도 없다며
하늘에 비춰 봐도 기울지 않는
부처님 같은 깨끗한 마음하나
아낌없이 세상에 내어 놓고
자비를 베풀며 살았다고
미륵암 부처님 전 아침공양을 올린다.

이 나이에 주고받을 것 없는 생을
부처님 무릎 앞에 바치나이다.

깨끗함이 좋아서 스님도 아닌 스님 어른
올해는 건강한 다리로 걸어보십시다.
부디 건강하소서

3

내 조국 내 땅

내 조국 내 땅

한겨울
햇볕도 없는 음달 비탈에
일평생 한번 앉아 보지도 못하고
한 자리에 서서 자유를 갈구하는
저 소나무좀 보시게

저 나무도 그나마 남한 땅이니 행복하지
저 넘어 북쪽 같으면 몸을 불태우며
아궁이 속에서 총알 만든다고
놋그릇을 녹이고 있겠지.

참 난 다행이지
하루에도 몇 번씩 다행이라는
마음을 갖고 산다네.
내가 만일 북쪽에서
또 떼거리 많은 넓은 땅에서
아니 이슬람 나라에서 태어났다면
.... 아–유 ....

상상하기도 위험함에

몸서리를 친다네.
오늘도 나는 행복함을
머리 숙여 온천지에 전하네.
내 조국 내 땅을

무심코

어느 날
손자를 보고 나니
아침에 허리가 아팠고

풀린 듯 헐렁한 세월을
물방개처럼 헤엄치며 놀다가
외손자를 보았는데
이제 무릎이 아프다

바쁘다는 핑계로
육신을 돌아보지 않았는데
이제 또 어디가 아플지

팔팔하고 생생한 청춘을
세상의 모서리에
다치고 찢겨
거리에 버린지가
꽤나 된 모양이네.

바람 같은 청춘

날 새기 무섭게
산골 집 마당가를 내 달리는
펄펄한 청춘 저놈의 꿩 보소

가을걷이 바쁜 콩 들깨를
제 것인 냥 달려들어
헤집고 다니는 구나

한번 밖에 없는 짧은 일생을
저렇게 헤집어도
말하나 붙이지 못하고
당하는 콩 들깨들아

난 널 돌보다가
푸르지 못한 하얀 여름이
되고 말았는데
어쩌자고 아랑곳없이
묵묵 부답
당하고만 있느냐

바람 같은 청춘들아……

올 가을은

한 달이 더 있는 윤년 가을도
나이를 자셨는지
주름이 꽤나 늘었고
설익는 단풍잎
아프다며 팔다리 어깨를
털기도 하고 쪽배를 내밀며
훌쩍 뛰어 보기도 하는데
저렇게 힘없는 가을이
언제 빨간 옷에 댕기 풀고
어여쁜 처녀로
사람들의 이목을 끌지

나이 먹은 세월 따라
익은 여름도
싱싱한 내 다리도
날 샐 줄 모르던 우리 사랑도
물감 들고 달려오는 가을에
이제 몸을 맡기세

푸름의 자랑도
식을 줄 모르던 메뚜기의 사랑도
단풍으로 물든 이 계절.

아—가을이여
이 마음은 물들이지 말아다오

배움의 터

완숙하지 못한 겨울이
칼바람을 들고 내 발 앞에 섰다
산책길을 가다말고
겨울나무의
신음 소리를 듣고 발길을 멈췄는데
오리나무는
하늘 높이 소나무 가지 사이로
얻어먹으려는 배고픈 소녀처럼
머리를 늘어뜨리고
입 조아리며 하늘 보고 외친다.

지켜보던 아카시아는
잔뜩 날을 세우고
가지사이로 팔을 힘껏 뻗어
하늘의 핏줄을 당긴다.

이렇게 복잡하고
답답해 보이지만
서로 살을 부대끼며 비비고
살갑게 살아야
생명의 가치를 배운다고
오리나무는 실바람에
사르르 눕는다.....

아버지의 일

서릿발은 꽉꽉 다져진 땅을
얼음송곳으로 들어 올리는 일처럼
설날부터 땅이 녹았다며
농사일 걱정을 하시는 아버지는
언 땅을 들어 올려 씨앗을 뿌리고
지극한 정성과 노력으로
탈 없이 새싹이 돋도록 하는 일 일진대

돋아난 새싹들이 제목소리를 낼 때 즈음
서산 녘 한 뼘 남은 햇발 따라
괭이자루와 쇠스랑을 내려놓는다
늘 그랬던 것처럼

난 진정 아버지 가르침을 받들지 못한 일에
날이 갈수록 더 무거운 후회인데
자식들은 집안일 스스로
계획하며 집행하고
아버지 찾는 일 별로 없다

앞으로
아버지로서의 할 일은
그저 주는 대로 먹고 뒷자리에서
말없이 기다리는 일 뿐이다.

사모곡 후렴

봄볕에 이슬처럼
스르르 훌쩍 냉혹하고
박절한 몇 마디 말만 남긴 채
아지랑이 속으로 떠난 어머니

어머니 냄새를 가지러
빈속 책울 틈 없이
목마른 헛기침을 삼키며
떨면서 내 딛는 발걸음은 왠지
싸늘히 내칠까 염려도 되었습니다

저를 본 어머니는 하얀 새하얀 치아에
찔레꽃처럼 웃으셨습니다
저렇게도 곱고 인자함을
무엇에 비하리
금을 준들 사리요 은을 준들 사리요
천리만리 있다 해도 어머니 향기
어찌 잊어지겠습니까

돌솥 밥 한때라도
귀하게 받고
다시는 나를
찾지 말라는
숫덩이 같은 슬픔을 던지고는
쫓기듯
망울진 벚꽃 길 따라
하얀 나비 손을 흔들며
멀어져 가는 걸음에
눈시울을 적셨습니다

가슴이 뭉클뭉클
설움이 밀려 왔습니다
어머니
  어머니…

세상은 굴러간다

매섭지 않은 잘 익은 겨울
따뜻한 양지 비탈 벤치에 어르신들 이야기가
무르익는 옆에
슬며시 끼어 앉았다
세상을 다림질하는 시대, 내가
불쑥!. 요즈음 운전도 여자가 많고
회사원도 여자가 많고
학교도 여자가 대세라며 말을 거들고
뒷말을 채 붙이기도 전에

하얀 근심 노인이 '발끈'
"요즈음은 여자가 직장이 없으면
결혼도 못하고, 그 누구도
결혼 중매를 안 하는데
댁에도 딸이 마냥 놀고
방콕하고 있으면
좋다고 볼 수만 있는 일이냐" 며
게거품을 물고 호랑이를 잡는데
....!.
지폐에 신사임당 초상화가

표상된 연유를 물어 보지도 못했다

듣고 있던 할머니는
저 어른 슬하에 시집 못간 고명딸이
방콕하고 있다며 눈총을 준다........

할 말을 잃은 날

우수지나 양지바른 산길

어제 동갑내기 둘째 매제를
멀리 보낸 슬픔에 잠겨 눈물을 흘리며
단풍나무의 위로를 받는데
어디에선가 목쉰 울음은
도토리나무 꼭대기 산새가
님을 잃고 슬픔에 꽂 부름도 못한 채
앓고 있는 소리였습니다

예고도 없이 스치는 생각, 문득
내가 저 세상으로 가는
급행열차를 타고나면
억울해 할 사람은 없을까
채 기억이 떠오르기도 전에
'불현 듯 번쩍'
새까만 옛날 일 기억에
핸드폰이 왕왕 산을 울렸습니다

오라버니랍시고 막내 누이동생의

피 같은 돈을 쓰고 갚지 않은 일
하늘이 노할 죄책감에
발걸음을 떼 놓지 못했습니다.

아뿔사 몇 년을 지나온 건가
왜 이제야 생각이 났을까
사는 게 뭐가 그리 바쁘다고
한심한 내가 너무 미웠습니다

누이동생에게 부끄러운 큰 죄인이 되어
세상에 어찌 오라버니라며 마음을
남길까 싶습니다

어려운 가사 일로
불덩이가 튀는 누이동생을
구경만 하는 오라버니가
되고 말았습니다

막내야 미안하다
철없는 오빠를 용서해라.....

矗石樓촉석루의 驚蟄경칩

미처 떠날 채비를 못한 찬바람이
아직 산허리를 감도는데
남강을 마주하는 선학산 꼭대기에서
잊지 못할 왜구들의
소드락질* 虐使학사를 내려다본다.

이 평화롭고
아름다운 愛鄕애향을 지키기 위해
목숨을 바친 선령들
동쪽으로 동쪽으로 돌아나는
핏줄 남강을 지키기 위해
강물에 몸을 묻은
무궁화 논개를 불렀네.

난 짚고 가던 지팡이를
휘두르네.
왜구의 목을 겨누었네.

길 걷다 돌부리를 걷어찬
화안함으로 '쿵쾅쿵쾅'

가슴속 붉은 피가 용솟음치는
심장소리를 들었노라

*소드락질: 남의 재물을 빼앗아 못살게 구는 일

봄눈

은하수 물결 따라 흘러온 봄인데
부쩍 겨울다운 눈을 뿌린다.
겨우내 얼굴한 번 펴지 못하고
나만 보고 있던
화단 목련화가
봄눈에 몸을 풀고는
엉덩이를 밀어 올리는데
목이 다 간지러웠다

그저께 봄 비 따라
그대는 돌아오지 않을
먼 길을 떠났지만
이제 봄 왔으니 철지난 생각은 버리고
꾹꾹 눌린 겨울을 훌훌 털어 내면
외롭지 않게
정다운 친구들이
무수히 내 가슴에 안길게다

논밭의 새싹들이..........

번지 없는 길

한 번 보잔 사람도
한 번 오란 사람도 없는 데
갈 곳이 바쁜 불청객으로
망울진 벚꽃 길 따라
따스한 봄볕 햇살의 안내에
무작정
텅 빈 머릿속을 앞세워
고속도로를 갑니다.

어디로 가는지도 모르고
목적지도 없고
반길 사람 없는 길을
산 넘고 개울건너, 그대가
꿈을 엮는 들창을 향해
번지 없는 봄을 전하려 갑니다.

반짝 혹… 뜬 구름 잡 듯
뭔가를 잡을 수 있을 거라는
어리석은 믿음을 앞세우고
비 맞은 나그네처럼 갑니다.

산 까치 1

봄이 도둑처럼 산중턱을 헤메고 있어
새싹 담요를 펴 주자
이내 벚꽃 몽우리를 밀어 올리고
때까치(산까치)도 짝을 찾는 산길에서

아직은 처녀의 몸으로 산방을 꾸미는데
인간의 발길을 두려워 않고
길섶 사찰나무에
지푸라기를 안고 든다.

하반신은 까치요
상체는 참새 닮은 걸
아직 그런 몸을
거울에 비춰보지 않아 까치처럼 속삭인다.

짝을 찾는 부름도
동작도 까치로 사는 건
소리만 같으면 길조라고 자기를
해치지 않는 인간들의
속성을 이용하는 현명한 산까치야.

저렇게 높다란 나무위에
신혼은 보금자리를 틀면
누구에게도
방해 받지 않으련만 어쩌자고
분주한 사람들의 발길이 닿는 곳
자랑인양 펴놓고 산방을 공개 하느냐

신혼생활은 때로 보여주고도 싶고
자랑도 하고 싶은 때이니
우리도 한 낱 동물이고 보면
그들의 자랑을 이해하자
박수를 쳐 주가

이들이 어느 날 둘이서 단꿈에 젖어
알몸이 보여도 놀라게 하거나
야유를 주지 말고 사랑을 주며
부러워하고 윙크해 주자

男兒는 소용없어 예!

딸 출가외인
남의 종손 된지 오랜데
친정 엄마가 몹쓸 치매에 시달리자

올케는 피 한 방울
살 한 점 섞이지 않았으므로
살갑게 할 수 없다며
내 부모 내가 모신다고
친정 남동생을 나무라며
출가외인이
모든 걸 보듬어
엎고 간다

부모 은공
보답하는 효심에
하늘도
감탄하여 하얀 아지랑이를
아롱아롱
골목길을 들어 올린다

후진이 없다

돌아가고 싶다

그 때 그 길
누더기 옷을 입어도
배가 고파도
울 넘어 보리개떡 넘겨주며
맑은 마음 주고 받던 정겨운 이웃
그 때로 돌아가고 싶다

만나보고 싶다
그 때 그 사람들
따뜻한 인정이 넘치는
감똘개 줍던 골목길
쪼무래기 친구들이
보고 싶다

꿈에라도 가고 싶은데
마음만 생채기가 되어
오늘도 앞서 가는 세월
무정한 세월만
실에 꿴다

감똘개 : 감꽃을 부르는 시인 지방의 방언

오월의 꽃 길

딸기 농사를
황소처럼 짓는 형님이
저녁을 먹고 뜨락에 앉아
요즈음 마음이 좀 무겁다 하는데

대문을 철판으로 막고
방문을 박달나무로 막았음에도
산적 같은 그 놈의 나이는 어느새
빈틈을 헤집고 들어와서는
자꾸 자리를 내 놓으라고 하는 것 같다며
넌지시 곁눈을 깜박인다

이제 예순 일곱인데 한창
밭을 갈아엎고 씨를 뿌릴 육신
왜 그런 마음이 달려드는지
모르겠다며 창밖을 내다보는데
처마 끝 거미줄에 걸린 형광등이
찌르레기처럼 우는 달밤에
뒤가 공허함은 생각이 많아서 일게다

뭔가가 있어서가 아니라
힘에 부대낀 농사도 반으로 줄이고
숨 돌릴 여가가 생기니
멍하니 해 본 말일 것이다
딸기밭 저 쪽
벚꽃이 눈처럼 날린다

버리고

정다운 친구를 버린지 여섯 돌쯤 됐나
그 친구 덕분에 얻은 것도 많고
이때까지 거닐면서 참다운 인생도 배웠는데
음식을 함부로 대하고
생각 없이 배척하고
그러다가 정친구도 버리고
모임도 버리고 갈 곳도 버렸다

밤길에 그에 힘을 빌어
어깨를 쓸쓸하게 우쭐거려 보기도 하고
또 어떨 때는 고래 등 소리도 쳐보고
하여 부모보다 더 공손이 모시기도 했던 친구
쓸데없이 인생을 민들레 홀씨처럼 끌고 온
내가 내게 측은해서 어둠을 기다리며
그의 손을 잡고 집에 올 때 슬픈 노래를 목청껏
감아 넘기며 딴 세상을 걸어 보기도 했다

출렁이는 거리의 불빛이 내 것인 양
안고 돌다가 내가 나를 부르기도 하고
또 다른 누군가를 넘보기도 했는데

이제는 돌아 왔다
술과 담배 정 친구 그대를 버리고
잠시 방황하다 내 자리로 돌아오니
군불 땐 따뜻한 내 방이다.

미륵암자에서

하동 북천면 천왕산 기슭
부처님이 세수하는 골짝에는
때가 되면 어김없이 오는 손님이
부처님이 주는 밥으로 새끼 키우고
자신도 제사를 모시기 위해
스님이 제물로 쓴 생선을 주자 통째로 들고
산골짝으로 들어가는 걸 봤는데

스님들의 음식이란 나물반찬에 장아찌로
부처님을 받들어 공양하고
남김없이 제를 올리지만
고양이도 그걸 배워
더 줘도 욕심 부리지 않는 건
부처님이 매일 불러 세워
새벽경전을 읽게 하며 실천을
확인하고 있으므로 그게 몸에 배어서다

늘 자기 것은 옆에 있으니
별도로 흑심을 키우지 않아서
욕심을 잃어버렸다.

동그란 눈 속의 광채
예리한 욕심을
그 날카로움을 버렸다.

4
어머니의 자리

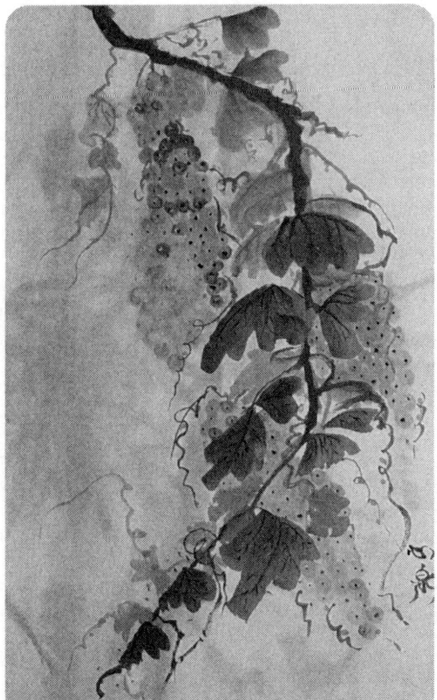

어머니의 자리

날이 새기도 전
어머니는 들로 나가시고
해가 지면
시부모 봉양으로
하루해가 서른 尺자라도
다섯尺자로 사시는 어머니

밤이 되어
어린 자식들 거두다 지치면
아무 곳이나 엎드려 졸다가
닭이 몰고 온 새벽 먼동에야
깨소금 잠을 볶습니다

늘 새벽처럼 살아온 어머니께
옛이야기 조르면
세상 살기도 바빠
이야기도 없다는 말씀에
그만 목 놓아 울었습니다

민족의 정기

말로만 듣던
백두산 민족의 정기를
깊숙이 한 짐을 받고 왔는데
오가는 길 내 땅으로 못가고
남의 땅을 빌려서 가는 길이라
그도 삯이 만만찮다

내 땅으로 가면
이천 칠백 높이 길이 아니던가.
남의 땅으로 가니 반 뚝 잘라
천백 높이 밖에 못 갔다

아— 하
우리의 철갑 두른 기상을 누가
싹둑 잘라 버렸단 말인가

가자. 가자.
민족이여.... 일제히 일어서자
우리 백의민족의 기상
백두산 정기를 찾으러........

겨울밤

동짓달 겨울이 토실토실 살 올라
갑자기 눈을 몰고 오는지
하늘이 손에 잡힙니다
이런 날
밤이 되면 별들이 외로움에 떨며
한 소녀의 눈물이 되어
창문을 적십니다

동구 밖 잎 떨군 은행나무엔
목구멍을 넘지 못한
그리움이 걸려있고
들국화는 떠났지만 옆에 있는 듯 살았는데
힘 빠진 육신을
냉방에 앉히고 보니 혼자인 걸 알았습니다

두부살처럼 뽀얗게
먼동이 터는 그대모습을
긴 밤 적막감에 시들기 전에
한시 바삐 보내야
내 그리움의 꽃이 필 텐데
어찌 할까요

황토방

색시 살결 같은
고운입자로 쌓아 올린
비워둔 황토방이 겨울밤이
춥다고 응석을 부리는데

엎어지면 산이고 장작이라
양껏 털어 넣고
불길을 싸질렀더니
이내 이불 밑이
귀볼 맞은 듯
확- 확 달아오르니
별도 달도 창가에 마실 온다

그러나
스친 미운 정이라도 좋은
이불 속에 발 묻어
간지럼 피울 친구가 없구나

고향을 떠나던 날

전원주택을 지으며
돌멩이 하나에도 기도 했습니다.

이런저런 사유로 그 집을 버린 날
집 뒤 안에서 울고
밥하다 울고
밭 매다가 울고
고추모종 심다 울고
수박모종 심다 울고

내 영혼이 미치지 않은 곳이 없는데
건축에 애써준 매제도 떠났고
형제들의 부산했던 손길들이 가슴 저며
뜨락에서 바지 한쪽 가랑이를 벗은 채
소리 없는 눈물을 흘렸습니다.

어둠을 몰고 올
하루해를 보내기 싫어
별 보고 울고 달 보고 울었습니다.

깊은 정 함께 한
천왕산 마루를 뒤로하고
아낌없이 도와주신 북천 상촌 어르신들
舊구 現현 이장 부녀회장 손 꼭 잡고
글썽이는 눈으로
손수건을 흔들었습니다

솎음

봄에 시기 맞춰 복숭아 솎음을 했다
세상사 솎음을 당한 내가
솎는 일을 하면서
복숭아가 마치
큰 잘 못이라도 있는 것처럼
의기양양하게 했다

가족계획이 실패인지
성공인지는
그 책임을 벌 나비에게 돌려 볼 일이지만

사시사철 산골에 사는 형편에
산부인과도 없고 상담창구도 없어
가족계획은 실패
작은 어깨에 조랑조랑 매달린 식구가
아슬아슬해 바람만 불어도
새끼들을 우박처럼
쏟아버릴 것이 눈에 훤한데

솎음을 하면서

면책특권도 없이 복숭아를 함부로 해
가슴에 멍에가 되어
복숭아를 쓰러 안고
위로했다.

일방적

세무서에서 세금을 내라는 통보에

바지를 달라는 건지
팬티를 달라는 건지 물어 봐야 될 일
직원들은 돌아앉아 컴퓨터와 통화하고
여쭈면 일층으로 일층에서는 이층으로
은행 들러 인정번호 받기 등등 한 짐 되는 짐을
주문하는 바람에 하루해가 간다

전산도우미 서너 명이
이 많은 민원을 언제 처리 할까
차라리 당신은 이번에 걸 바지와
팬티까지 내라면 벗어주면 좋을 텐데
이 생각 저 생각에 화가 난다

업무종료시점이 다가오는데
본인이 작성하고 신고 후 책임을 지란다
전산 실력도 약한 나는
세무고유용어도 이해 안 되는데
불법도 아니고 도둑질도 아닌데
내 것을 바치는데 떨리는 몸

일인 즉 5년 보험을 들었다가
해약한 기백만원이 금융소득이라
연금소득에 포함 세금을 부과한단다

글쎄 나랏님이 내놔라는데.....
언제는 일방적으로 내놔라 하더니
이제스스로 내놔라는 것이
국회가 만든 법이란다
국회의원이 하나님처럼 보이는 하루해를 보낸다

국가가 국민을 위하는 건 뭘까
내걸 주면서 국회의 울타리를 타란다

나라를 걱정하며
앞 다투어 내 것을 떳떳하게
낼 수는 없는 걸까
내걸 내면서 웃으며 내는
그런 날은 정녕 없는 것일까
공무원 수는 많은데 국민을 위하는 민원부서에
넉넉히 증가 배치하면
이화명충이나 멸구가 붙는 것일까

網巾망건*바위

마을 앞 들판
논 가운데 서 있는 망건바위
언젠가는 저 논을 사야 복을 받는다고
마을 사람들의 추앙을 받았는데

한 때는 심심산천에 박힌 절이라고
기도발도 잘 받고
소원을 비는 대로 이뤄줬다며
힘깨나 썼을 절이

어쩌다 기둥이 뽑히고 탑이 어디론가 떠나자
화가 난 중은 망건바위를 들고 가다
논 가운데 세워놓고 떠났고
바위는 혼자 남아 마을을 지켰는데
망건 머리를 남쪽으로 돌려놓는 바람에
마을엔 아들을 낳지 못했다는 망건바위

부처가 지키지 못할 약속을 남발하여
빚을 지게 되었을까

잘살기 운동으로 망건바위는
수십 개의 片石편석이 되어
방천 밑돌의 비운으로 남았다

*망건 : 갓을 쓰기 전에 먼저 쓰는 선비의 모자

돌잔치

후일 대국을 이끌
이웃집 손자 돌 잔칫날
뷔페식당 축하객이
개미떼처럼 바쁘다

어떤 할매는 꼬깃꼬깃 봉투를 주인공 손에
모양새 없이 쥐어 주며
'아프지 말고 커라이' . 덕담을 주고
또 어떤 아낙은 주인공 손을
'아이고 너무 예뻐' 하며 깨물어
기어코 울리고 홍두깨 걸음으로 간다

사람들은 커피 잔만 한 빈속에
음식을 담으려고 바쁜 걸음들
이 정도하면 뷔페식당은 남는 게 있을까

어떤 이는 넘치는 쟁반을 다 비웠고
못다 담은 사람들은
큰 눈을 돌리며 빈속을 채운다
그래도 뷔페는 남는 게 있다고

축하 한다고
굴뚝에는 오색 연기가
모락모락 피어오른다

예비군훈련

往年 少 時節왕년 소시절 적
얼룩무늬 옷을 입으면
말이나 행동이 거칠고
패잔병처럼 신발을 질질 끌어도
그 옷만 벗으면
내 사윗감이었던 시절이 있었지요.

훈련을 마치고
시외버스 정류장
허름한 대포 집에 들러
꾸뎅꾸뎅 얼어빠진 동태와
김치두부 찌개를 난로위에 끓여서

눈물 콧물 삼키며
막걸리를 목구멍에 들이다 붓던 시절
그 때 최대 다수의 최대 행복
얼룩무늬 최대 규범이었습니다.

原理원리

뻐꾸기가 아카시아 꽃잎을 따서
두루마기로 걸쳐 입고는
이 산 저 산을 훑다가
급한 일이 생겼는지
오목눈이 집으로 들어갔습니다

느닷없이 들이닥친
주거를 침입한 뻐꾸기에게
오목눈이는 화들짝 놀라
내게 달려와서는
"자연의 섭리가
묘하다고 보고만 있을 거냐고
나를 오늘만 보고 말거냐" 며 나무랬지요

한 보름 지나
오목눈이는
자기보다 몇 배나 큰 까만 새끼를 기르면서
손발이 트고
안색이 핼쑥했습니다

잠

지금 세상은 몇 시 인지 모르지만
나는 조용히 죽었습니다

옆에는 바퀴벌레가
황홀한 죽음을 확인하고
파리가 다시확인 하는 순간인데
뭔가 있다는 이승의 것과 저승의 것을
한 가지도 확인 못했습니다

느닷없이 햇살 더듬이가
진하게 키스하는 바람에
눈을 떠 보니
아침이었습니다

아—하
물체가 보이면서
몸동작이 시작되고
내가 살아있었습니다

저승과 이승은
눈꺼풀의 차이
거기가 거기였습니다.
살아 있으니 참 행복합니다

게으른 강태공

강태공이 되고 싶어서도 아니고
생선을 좋아해서도 아니며
누군가 그리 되라고 밀친 것도 아니다

내 생의 삐딱선 세월을 낚으러 바닷가를 갔다가
펄펄 뛰는 숭어꼬임에 빠져
내일도 오고 모레도 와서
좋은 색시 수청 받고 놀다 가라고
낚시를 거두는 내게 느닷없이 달려들어
물장구 뺨을 치고 간다

나는 나를 낚아서 살펴보는데
세상에 이런 등신이 또 있을까
허술한 인생을 들고 비호같은 세상 거울에
비춰본 것이 부끄러웠다

일 없는 인생살이는 고독과 친할 것이고
기술 없이 밖을 나돌면 급격한 경제하강으로
만나는 사람마다 실수할 게 뻔하고
앉는 자리마다 눈알 굴려야 되니

빈 낚시 바닷물에 넣어 놓고
지그시 눈감고 삐딱한 돌베개에
"청춘을 돌려다오" 한 곡 불러 보세나

歲해를 보내면서

산도 그 푸르름을 지킨다고
힘들었는지
깊게 파인 골짜기며
외나무다리도 퍼석하게 늙었구나.
계곡물도 내려가기 싫어 틈틈이 박혀
울다가 이제 다 운건지
주름진 조약돌에 눈물 자국
선명하네.

내가 피하려 용을 써도 피할 수 없는 일처럼
횡재수는 우연히 와야 되는 것
운 좋았던 지난 봄 여름 같은 날이
천년이라도 싫지 않으련만
다 한시절의 일장춘몽이라

산 안개 내려와 발밑에 머무를 제
나이는 좇아오고
한 해는 또 어이없이 가는 구나

진달래

그대 미소보다 더 여린 꽃
헤어짐이 아련한
연분홍 꽃 이파리

새 봄이 오고
꽃바람 불면
그 꽃 한아름 안고
자꾸만 그대 향해
가고 싶어요.

세월이 늙어가도
이 한 몸 끌고 그대를 찾아
멈추지 않는
새파란 그 때 마음으로
꿈속을 달려갑니다.

진달래 꽃 향기 속으로
달려갑니다.
들국화향기 품으로 달려갑니다.

가을걷이

생전 어머니는
들일 하기 싫어하는
나를 보시며

열이 지은 농사
하나가 거둔다며
궂은 날을 잘 살펴
가을걷이 늦지 않도록 하라는데

멧돼지같이 살이 튼 난
맞물린 단풍놀이
늦추면 안 된다며
콧바람 씩씩 불며
골목길을 굴렀습니다.

그리움

내 가슴에 담긴 들국화 향기
애타는 그리움을
언제까지 퍼내야
달빛처럼
환— 하게 바닥이 보일까요

말없이 떠난 그대에게
그리움을 얼마나
퍼다 부어야
파도처럼 넘쳐 돌아올까요

오늘도
그리움의 큰 산을 등에 지고
길 없는 길 물어물어
그대 찾아 구만리를
단숨에 달려갑니다

대둔산 가는 길

봄놀이 구경 길 좋다고
누구랄 것도 없이
앞 다투어 관광버스에 오른다

한참 고속도로를 달리다 고개 돌리자
도로 표시판이 내 눈을 들이밀었다
엄청 힘센 使者사자가
창을 밀고 들어왔다

그 끔직한 使者사자 얼굴을 들여다보니

"졸음운전 끝나는 지점은
이 세상이 아닙니다."

아—하 이렇게도 무서운 얼굴이
이승에 남아 있었다니

내 육신의 길잡이 표지판은
시 쓰는 간판을 내리는 날
그 펜 끝은
이 세상이 아닙니다

늘 늦다

천 원이 있으면
저 집을 살 수 있다
열심히 무작정
돈을 벌어야 된다 저 집을 사려면

이 일 저 일 마다 않고
앞만 보며 한참을 사는 동안
옆을 보니 남들은 다 살고 갔는데
이제 모은 돈 천 원으로 자리를 펴려는데

그 집 늙지도 않고 미인에다가
밤 낮 없이 올랐다
밥도 안 먹고 잠도 안자고
올랐다
너 같은 건 벌써 강 건넜다고
돌아도 보지 않았다

그 누가 말했듯이
술 바치는 체가 다 닳았는데 글쎄
아직도 그 때의 주막을 그리워한다
다른 사람이 다 살고 간 세상
난 아직도 터널 속이다

고 독

오년 묵은 이무기 수탉 한 마리
그의 아내가 일 년 전
놓아둔 쥐를 대신하여 고급 저녁식사를
자시고는 동쪽으로 날아가자
喪妻상처한 이 양반은
혼자 고독함을 달래며
비 맞은 중처럼
먼 산을 바라보며 중얼 그리는데

"그 저녁을 내가 먹었어야 되는데
아내를 준 것이 후회 된다" 면서

날마다 산골이 떠나가라 외치는데
혼자 집을 지키며 쓸쓸함을 외치는 걸
내가 왜 모르겠나, 하여 오늘
암병아리 두 마리를 사려는데
병아리 주인은 그리 큰 이무기와 합방하면
쪼아 죽이니 절대 그리 말라고
할머니처럼 당부를 했다

방안에 또 다른 유아 방을 꾸며
달포 지나자 요것 암컷이 변성기가 오고 총각 찾는
날개 짓을 보고
유아 방 중앙분리대를 철거했는데
암탉은 수탉 따라 다니고
수탉은 먹을 걸 챙긴다

"이거 먹어, 내가 아낀 건데, 너 주려고"
온종일 뭐라고 떠들며 바쁘다

이런 부부가 세상에서 가장
아름다운 부부일진대
수탉의 사랑 법을 보고
부부간의 사랑을 배우기로 맘먹고
저녁을 준비 한다

5
세월을 지우며

무지개

봄이 깨끗한 수십 가지
색깔을 지고 와서
산에는 초록색을 칠하고
강이나 바다는
푸른색 칠을 하는데

꽃에는 분홍색 노랑 빨강으로
단장시키면 이내
벌 나비들이 밀물처럼 몰려온다

들판에서 자고 있는 실바람을 깨워
연분홍 봄 등짐 하여
그대가 행복을 쓸어 담는
달팽이집에 보내면 회신은
살포시 웃음을 머금은 향기를
창밖으로 보내오곤 했는데
올 봄은 그 흔한 전화문자도 없네

불어오는 내 봄바람은
언제 부턴가 색깔 통을

쏟아버렸는지
잃어버린 건지

늘 회 뿌연 안개 뿐
봄꽃 무지개는 없구나.

그 사람

어느 시인이 속세를 떠나면서

그리 사는 게 좋아 산골에 살면서
나 보는 걸 소원하는데
하염없이 오매불망 고은 향기 나를
보고 싶다 애태운 사람에게
봄꽃 지기 전에 구경도 하고
얼굴 한번 뵈어주고 마음을 달래주려
이내 온다온다 하면서도 기다리는 사람
안중에도 없네
발가락에 밤송이를 끼웠는지 함흥차사고
아예 마음을 접은 건지
느닷없는 목탁소리만 간간이 바람에 실려 오니
무슨 사연 깨우치려
까까중이 되었을까

어찌 하나 어찌 하나
俗世속세도 배울 게 많고
가르치고 닦을 게 많은데
그 일을 뉘 집 골목에 내려놓고
비구니가 되셨는지

아깝도다 아깝도다
청춘이 아깝도다
스님이라 부를까요
보살이라 부를까요

蓮花浮水形연화부수형

부처님은 물위의 연꽃에서
불심을 전한다
물위에 연꽃이라….
산맥이 연꽃 같이 둘러싸인 다락 논 한 뙈기
아버지생전 五錢다섯전에 장만한 귀한 농지가
明堂명당일 줄이야

천하명당을 발견한
우리형제는 가슴이 뭉클
눈물이 글썽했다
생명 답을 자식들의 소홀함이 있을까
아버지는 늘 노심초사했던 곳인데
地官*지관은 주위를 둘러보고
이렇게 잘 생긴 연꽃은 본 일이 없다며
몇 번이고 되풀이한다

자손이 번성하고 벼슬길이 열리며
집안이 태평성대 하고
무병장수하며
길이길이 후대에 빛나리라는

蓮花浮水形연화무수형의
明堂명당을 찾았다

* 地官 : 묘지 터의 길흉을 선별하는 사람

이런 세상은 없을까

남녀가 만나
오년씩만 부부로
연을 맺다가 헤어지고

또 다른 짝을 만나
오년만 사랑하다
헤어지고

생을 다할 때까지
그런 사랑만 하다가
이 세상을
마치면 참 좋겠는데

그리하면
왕 배야 덕 배야 소리 지르며
부부 다툼에
언행의 독침으로
서로 심장부 찌를 일 없을 텐데

친구 1

(예순 친구가 수십 년간 투병중인 아내를 간호하는 정성을 매만지며)

어느 고을 규수와 얼굴 한번 보고
부부의 연을 맺고
밤 낮 깨를 볶는 신혼의 단꿈에

연분홍 사랑 꽃이 피기 시작하는 즈음
어느 날
분홍 꽃 아내는
이름 없는 독벌에 쏘여
가슴에 피멍이 깊숙할 때
자고나도 바라만 볼 뿐
꽃나무 남편은 까만 숯 검뎅이 가슴으로
분홍 꽃 가슴에 독침 덩어리를
깊은 정성으로 보듬고 달래며
사십 평생을 빌고 빌어
여기까지 왔다며
인생 예순의 세레나데를 불렀다

연분홍 꽃 아내는 갸륵한 남편에게
나이팅게일의 날개를
달아 주었다

핑계

살갑던 아내와 다툼을 하고나면
달포까지 눈 맞추지 않고
말없이 남처럼
그저 암노루의 곁을 떠나는
숫 사슴처럼
스르르 자리를 피해
골목을 나서곤 하는데

개구리 언덕에 구름 셈치고
어쨌거나 말은 부쳐야 되고
사과 비슷한 걸 하려면
방 불을 끄고
큰 소리로 '바퀴벌레 잡아라' 며
헛바람을 잡으면서 핑계를 대고
고양이처럼 살금살금 잠자리
이불속으로 잠입하면 성공이다

언제까지 바퀴벌레 탓에
이 핑계 저 핑계를 해야 할까 싶지만
내 세울 것 없는

엿장수 같은 졸장부지만
이렇게라도 하면
거짓말하고 뺨 맞기 보다야
낫겠지 않겠는가 말일세……

한결같은 마음 2

오늘 까지 숙명의 끈을 끌며 이고지고
수십 년 병마와 싸우는 아내의 오랜 숙환을
천사처럼 간호하는 친구야
이 말을 자네한테 전하고 싶었다네
친구야
밤이 새도록 우리는
모진세월, 역경을 딛고 살아온 날들의
헌옷 같은 인생사를 펼쳐보지 않았는가

병마와 싸우는 아내를 위로와 격려로
약속한 偕老해로를 실천하는 너를 보면
고개가 절로 숙여 진다네
그야말로 인생고개 넘을 때마다
운명에 한탄도 했을 것이라 여겨지네

새까만 숫 검뎅이 같은 마음이
되었을 친구야
무슨 말로 위로가 되겠니
강한의지로 버텨내는 아내에게 격려와 힘을 주어
밝고 행복한 날을 만들어 가시길 비네

늦은 인사지만 제수씨 하루빨리 완쾌하시길
빕니다

천사라 부르고 싶은 친구야....
내가 너의 그 마음을 조금만
닮을 수 있었으면.....

봄날 오후

만나면 반가운 것이 봄날뿐이겠는지요
그대와 손잡고 거닐던
양지바른 언덕배기
물오른 개살구나무들이
백댄서 춤을 추는 오솔길에서
봄의 옷자락에 매달려
손잡고 걸으며 꽃을 피웠지요

그대 말없이 떠나고
해 저문 봄
난 늙은 호미처럼 밭 뒷 구석을 지키고
생기 없는 풀잎들은 남루한 낫자루 같아
세상이 다 측은해 보였습니다

봄만 되면 어수선한 마음
어찌해야 정리가 될 건지
여름 바지자락을 붙잡고
통 사정 해야겠습니다

넘치는 욕심

볍씨 한 알 심으니
다음해에 일 백알 되었고
또 다음해에
일천 알로 불어나는데
그것이 적다고 투덜대며 눈알을
굴렸다

욕심의 끝은 만족이 아니라
계속 채워야 된다는 걸 알았는데
꿩에게 긴 콩 한 알이 또르르 굴러
발 앞에 와서는
"그렇게도 많이 늘려 주는데
못산다고 투덜 대냐" 며
인간들은 욕심이 넘쳐 끝이 없다며
핀잔을 주는데

뒷간에서 일보다
제수씨를 만난 것처럼
어정쩡함이
비할 데 없이
부끄러웠다

늙은 버드나무의 일기

인생이 세상에 올 때는
애틋한 사랑을 먹고
끝없는 순항을 하며
우연히 스치는 바람 같은
연인을 만나
앵무새 같은 사랑을 하며

복숭아뼈도 예쁘다고
호박꽃 닮은 사랑을 하다가
하늘의 미움을 사기도 하는 데

그 또한 이유는 묻지 마라
그런 연인과
어제도 다투었고
오늘도 다투었다
내일도 해가 뜬다면
변함없는 날일 것이다

젊어서 금쪽같은 사랑으로
날 샐 줄 모르다가

그 사랑이
모지랑 숟가락이 되도록
함께한 삶이 애틋한데도

다투며 靈魂영혼의 재를 넘는
운명의 길이라면, 내일도
또 그 다음날도
변함없이 다툴 것이다

배고픈 늙은 버드나무의
안타까운 此世*차세의 다툼을 .....

* 차세 : 불교용어로 이승의 뜻

썰렁한 밤 길

눈만 서로 마주치면
무슨 말을 할 건지 알기에
여우 눈 바늘 침으로 부닥치기 싫어
집 없는 달팽이처럼 스르르 집을 나와
밤길을 버릇처럼 무작정 걷습니다

시내거리는 찬란한 불빛으로 궁전처럼
화려한 빛을 토하고
지나온 젊음을 멈춰버린 시간 속에
비춰 보기도 하면서
땅만 내려다보며 걸었습니다

행복한 생활이 온다면 언제 올 건지 모르지만.
공식 없이 갈 길을 잃은 밤
어둠의 자식으로 남기 싫어
지나는 밤바람과 어둠을 바르고
계면쩍게 집으로 돌아왔습니다

저 멀리 망경산* 모퉁이를
돌아가는 밤 열차는

철길이 얼어 춥다고 소리치며
연통을 깔고 꾸벅꾸벅
졸며 갑니다

*망경산 : 시인의 고장에 나지막한 산

자취방의 추억

직장생활로 집 떠나니
가족도 없는 사람처럼
소라 껍데기 같은 방 하나
주먹 만 한 전기밥솥 수저하나를 들고
운명의 홀아비 생활에 들었지요.

게으른 설거지는
서글프게 개수대에서 졸고
매서운 바람에 보일러는
춥다며 왕왕 아우성치고
멀리 시내 밤거리는 싸늘히 식은
차량 불빛만 나뭇가지를 흔들었습니다

문풍지는 살려 달라
아등바등 내 다리를 붙잡고
사시나무 떨 듯 떨며
추위를 견디지 못한
카시미롱 이불은 나를 째려봅니다

없는 살림살이가 가슴 펴는 난방유월은

저만치서 물장구치며 노는데
고향 매미는 언제 오동잎을 피울 건지
기별도 없고
찬바람 달려오는 썰렁한 밤
소금 한포 굽느라 뜬 눈으로 잠꼬대 했던
홀아비 자취 방이 그립습니다

휘파람 소리

숨길이 가프고
들숨 날숨의 목구멍소리는
고달프게 넘은 인생 고개를 대변이라도 하듯
버들피리 같은 세월을 헤아려 봅니다

누구랄 것 없이 무릎 앞에
내놓을 만한 나이와 식견도 출중한
석공사를 경영하는 한 선비를 만났지요
나의 先代祖 聖域化선대조 성역화 사업으로 자문을 받은
일이 있었습니다.

石工석공으로 승부를 걸었기에
전문 분야의 손기술을 자부하는데
어느 날 가세가 등등한 집 가문에
비문을 새기다 잘못을 바로잡는데
"돌이나 깨는 주제에 뭘 아냐"는 비아냥 대는
노인네의 도포자락이 부러워

설움의 뼈를 가슴 깊이 갈고 닦아
姓氏성씨의 역사, 社會倫理 道德사회윤리 도덕에 능통하여

당 시대라면 대사헌 격인데
앞서지 않고 겸손한 그의 한마디 말
“내 하는 일이
조금도 여유 없는 딱딱한 멍청이를 다스리지만
나는 돌이 아니유” 하며 조심스런
함박웃음을 피웠습니다.

철물점 사나이

얼굴에 기름칠이
칙칙하게 발려서
기름종이를 구겨 버린 듯한 인상
이 사내 머릿속은
컴퓨터기기 보다 정확도가 높다

볼 때마다
걱정거리를 안고 있는 사람처럼
땅을 내려다보고 있지만
" 옛날 문고리 주세요." 하는 말에
눈을 번뜩 하고는
"두개밖에 없는데요."

이정도 되려면 백담사쯤에서
머리 포맷하고
십년은 기도 발을 세워야 될 일이 아니던가
수 만 가지가 뒤섞여
누가 어디서 뭘 하고 있는지
불러도 대답 없는 철물점 장식장

저 사람이 여의도 의사당에서
세상을 내려다보는 일을 맡긴다면
일자리 없는 내가
뭘 원하는지
훤히 보일 것이로다.

그 시인

후학을 엄하게 가르치는 여류시인이
양귀비 같이 미색인 데도 잘 웃지도 않고
속을 쉽게 보이지도 않아
마주치면 딱딱해서 피할까
대할까 망설여지며
겁이 나는 시인

오늘 컴 메일에 선물로
함박웃음을 보내 왔다
내 좁은 소견으로
편견이 심한 탓도 있지만
아무래도 꽃처럼 곱고
인형 같은 사람은
자만심이 높아 다른 사람을
쉽게 이해하지 않는다고
여겨 왔는데 편견일까

웃지 않는 그 미인 여류시인은
하하하 오늘 웃었다
이제 말을 걸어본다면
숫 거미 일생은
되지 않을 것 같은데........

초파일

사월 초파일
미륵 암에 들러 등을 달았습니다
부처님 무릎 앞에 달았습니다

등을 걸 때
부처님 자비로운 눈길이
마주쳤습니다

올해는 부처님 자비가 넘쳐
로또당첨은
따 논 당상입니다

세월을 지우며

세월이 사람을 만든다는데
그 많은 은하수 날들을
風席풍석바람으로 날려버렸는지
거짓 보쌈을 당한 건지
난 아직 사람이 되려면
쑥 마늘을 더 먹어야 되는데

곡괭이로 파 낼 수도 없는
이마에 세월의 흔적을
속상해 하면서
새하얀 억새꽃 머리띠를
까맣게 검정물들이고
징검다리처럼 살아 온
시간의 旅情여정을 지우려 애쓰며
밭고랑 주름을
메운다며 마사지 한다.

무엇을 위해
세월이 남긴 귀중한 선물을
이토록 지우려 애쓸까

6
둥지를 떠나 보내고

둥지를 떠나보내고

어느 날 자다가 단 꿈을 깼는데
노숙자처럼 쓸쓸했다
곁에 있던 베개들이 없고
강아지처럼 자고 있던 아이들도 없다

자다가 왜 이리 쓸쓸함이 올까
함께 라는 소중함을
잊고 지낸 탓일 게다
이제 황혼에 옆구리가 허전하니
깊은 잠이 들지 않은 모양이다

어머니도 자다가
곁을 떠난 새끼들 생각에
몇 번이고 등잔불을 켰으리라

이 생각 저 생각에
마당에 내려앉은 먼동을 만지다
분주했던 손길들을 데리고
돌아 와 자리에 누웠다

너는 과일이다

너는 과일이다
이름이 없는 과일이다
항상 단맛과 신맛이
넘치지 않고 고루 섞어져 있는
최고의 품질을 지키는 과일

후일 몸은 썩어서 물이 되고
흙이 되지만 뼈 속에 남는
씨앗은 너의 존재를 확인하며
여름 과일은 여름답게
가을 과일은 가을답게
색을 골고루 자랑하며
맛으로 아름다움을 추앙받는데

그러나 내가
너 같이 훌륭한 색깔과
맛을 가진
인간으로 남을 수는 없을까

소나기

시커먼 먹물 같은 구름이
목이 터져라 고성을 치며
시퍼런 전기 불을 번쩍이고
맑은 물 만드느라
엄청난 힘을 쏟아 붇는 날
몰래 만든 죄가 무서웠습니다
어릴 적 어머님 말씀이
죄 지으면 이런 날 알아본다고
죄짓지 마라며
신신 당부했는데 갑자기
하늘의 나무람에 겁이 납니다

잠시 묻어둔 일 기억을 안 할뿐
지난 날
함부로 정을 주어
마음에 상처를 남긴 일이거나
모난 돌 정 맞지 않으려고 버티며
모른 체 한 것이 꿈틀대니 겁이 나서
땀 찬 손만 만지작 그렸습니다

幻想환상의 그대

머- 얼 리
구름 따라 흘러 온 시간 속
幻想환상으로 각인된
보랏빛 오동나무 꽃 같은
그대의 환-한 모습이 떠오릅니다

신선한 웃음이 깃든
작은 눈매에
은구슬 땀방울이 송송 맺힌
오뚝한 콧등
짧은 커트 머리
아- 그 모습을 멀리서라도
보고 싶습니다

그리움을 빌려서 그때
매니큐어 바른
가냘픈 하얀 손을 훔친 듯
모르게
모르게
만져보고 싶습니다

늦은 고백

이 세상
하나 밖에 없는
가장 사랑스러운
나의 꽃 들국화 향기

봄 향기 따라 바삐 온
버들강아지를 꺾어
귀밑머리
하얀 목덜미에 살포시
간지럼 피면

사-알 짝
고개 돌리며 웃음을 피워 내는 그대를 보면
참 고왔습니다

그대가
그립습니다

그때 그 자리

아까
눈썹을 치고 얼른 지나간
개똥벌레가 파란 호롱불을 드리우며
생각을 멈추게 합니다

그 때

손끝이 파르르 떨림으로
그대 앞에서
영원한 사랑을 애원했던
애처로움을 그댄 아셨는지요

그 영원을 치료하려고
산골 뻐꾸기 울어 울어
외딴집 골목길에 그리움의 씨앗을
수 없이 심었습니다...

길 위에 봄

사르르 사르르
힘찬 목놀림으로 쏘–옥
하늘 밀어 올리는
여린 새싹들처럼

雪寒風설한풍에 서릿발처럼 꽁꽁 언
차디찬 슬픈 내 가슴에
봄 길을 열어 준 그대여
꽃불을 피웠으면
꺼야 함을 알았을 터
어쩌자고 그 불을 방치해
가슴 저미도록
그리움의 꽃을
수도 없이 피게 하는지요

무정한 사람아
가을걷이 끝난 벼 포기처럼
어디 한곳에 의지할 수 없는 허허벌판에
외톨이가 된 동짓달 긴긴 밤
별들도 쓸쓸히 애태우며
눈 시려 창문을 닫았습니다

길(道)

길이라면 다 갈수 있다고 믿고
갔지만, 더러는 운 없이
낭떠러지에 뜨러지는 운명 같은 것이
누구에게도 있듯

장미꽃이 예쁘다고 찾은
벌 나비가
꽃이면 다 꽃인 줄 알고
달콤한 유혹에 이끌려
꽃을 헤집다가
무정한 가시에
가슴을 찔려
상처를 입었습니다.

가슴 깊숙이 찔린
피도 나지 않는 상처를 입고
치료약을 찾아 헤매고 있습니다.

그대 손길만이 유일한 치료제
그 가시를 뽑아주세요

모래밭 사랑

바닷가 모래섬에 난파선처럼
혼자 버려 졌지요
버려진 것들과 아픔을 함께 하면서
모래 밭 도화지에
가을을 업고 떠난 그대를 그렸습니다

수백 번을 그려도
소용없는 일인 줄 알지만
자꾸 예쁘게 그려 놓으면, 그게 아니라며
어느새 파도가 차르르 쓸어갔습니다
바람 따라 온 얄미운 파도를
원망 하고
또 그렸습니다

그러나 그대는 오지 않았습니다
갈매기도 오지 않았습니다
그대 없는 모래 밭 사랑은
파도에 밀린 사랑이라
마음 아프지만
내일 또 모래밭 그림을 그릴 겁니다

갈매기도 그리고
파도도 그리고
들국화 향기를 예쁘게 그릴 겁니다

名譽退職명예퇴직

한 뼘도 없던 땅이 생기고
名譽명예도 젊어 졌으니
하는 일 마다 대승하리라

녹두 고구마 호박 두 종류 참외 수박 쥐 눈이 콩
영산홍 산초 도라지 금송 반송 살구 매실
오디 뽕 자두 배 복숭아 대추 강낭이 고추 자외
가지 백일홍 들깨 흰콩 팥

이쯤 되면 원하는 건 다 심었다 싶은 데
세상에나
체질이 다르니 이것들이
농사일 아는 것 없는 내 손을 잡고
약을 원하는 놈 거름 비료에 잡초제거
요구도 다양해
한시도 여가를 안주더니

이 더운 여름 어쩌라고
녹두는 까맣게 익은 채 보채고
호박은 하회탈처럼 웃는데

혼잣손 가을은 붉게 타지만
어쩌라고
후일을 계산 않고 농사일을 저지르고 나니
하 - 아...
가을은 정녕
명예퇴직이 없구나.....

봄은 왔건만

보일 듯 말 듯
아지랑이 속에서
엉덩이를 들썩대는 종달새야
잘 익은 봄에 무엇이 그리 바쁘더냐

아직, 님 찾지 못한 마음이야
알겠다만

말없이 떠난 님
달포 지나올까
애태우며 기다리는 내 마음도
시든 복사꽃 같고
퉁퉁 불은 강낭콩이니
너와 다를 바 없구나

화사한 짧은 봄날을
어찌하면 좋을지
논두렁 불태우는
늙은이에게 물어볼까
강 건너 포도나무 전지하는
노총각에게 알아볼까

솔밭 위 돌아 나는 수리야
언덕 넘어 님 찾는 종달새
보고도
못 본 척 지나거라.

相見禮상견례

왜 이리 가슴이 떨리나
말문이 막혀서
한참 하늘을 보는데
별안간 형님 형수가 보고 싶었다

요즈음 나이로 치면
서른도 안 된 풋내긴데
시골살림에 장남이라고
맏형은 부모 없으면 부모라고
어른들은 그렇게
멍에 짐을 지웠다
그 굴레 짐을 말없이 지고 가는
부모 아닌 부모가 보고 싶다

시골 살림
다람쥐처럼 모아 둔
도토리도 없었고
줄줄이 동생들
결혼 상견례 자리에서
형님 형수는 무슨 덕담을 나눴을까

황야의 무법자로 살아온 내가
자식들의 결혼에
그때 형님 형수의 심경으로
상견례를 맞이하는지
눈시울을 적신다

장남의 멍에
장남의 굴레가
앞을 어른거린다

봄의 소리

겨우내 캄캄한 어둠 속에서
움켜쥐고 있던 국화 싹이
가슴을 내밀며 두 팔을 뻗는다.

갈증에 허덕이던
채송화 숨소리도
파란 피를 밀어 올린다.

하—아 봄이구나.

가느다란 겨울 끝
야윈 숨소리로 울던 산새가
앉았다 간 자리에도
세찬 눈보라에 다친
가지들의 상처도
봄 약을 바르고
파랗게 파랗게
함성을 지르는 모습들을 보니

내 다리에도 물이 오르누나

봄이 오긴 했는가
(할미꽃을 보고)

저승의 봄은
어찌 올까요.
이승의 봄이 꽃을 보냈겠지요

이승에 봄은 어찌 올까요
이팔청춘 봄 처녀가
꽃 숲에서
치마를 걷어 올렸겠지요

봄을 왜 그리워할까요.
늙은 마음이
젊은 시절로 돌아가고 싶었겠지요

往年왕년에 내 가슴의 봄은
마을 앞 개천에
수줍은 댕기머리 처녀들의
빨래 방망이가 불렀습니다

빨간 카네이션

꼬부랑 할매 내 어머니
올해 생전이라면 백 살이 넘었으랴
아버지 생전에 성질이 밉다고
갈아입을 옷 얼굴에 "획" 던지면
아버지는 환하게 웃으셨다

금쪽같은 새끼들
이승 외딴집에 두고
산골짝 홀로 계신지가
반세기가 넘었는데
생전에 카네이션 한 송이 바치지
못한 불효자식
늦게나마 이 꽃을 바치며
통곡 합니다
오매, 아부지
이 꽃이 어버이 꽃입니다
생전에 자식들의 불효 용서하시고
이 꽃
한 번 안아보소서

돌아보건대 내 앞에서 구르는 이 세월
얼마나 남았을까

재嶺 넘어 가는 길

천지 세상의 모든 일 안고
새벽 천둥 같은 울음으로
잠자는 새벽을 깨웠습니다

예측 없는 전설 같은 세월 따라
황야를 누빈
고삐 없는 망아지처럼
질곡한 삶을 살다 보니, 어느새
힛긋 힛긋 핀 억새풀 머리띠는
아버지를 보는 듯한데

더 내어줄 것도 없는 삐딱 걸음에
남은 건 빈 가슴뿐인 걸
이제 세상 일 다 했다며
옥황상제가 부르시는가
밤낮 무릎 앓다가
선들재 고개 넘어 갑니다

삶은, 오직
그 한 방향의
아름다움을 향해가는 것이기에..........

선들재: 시인의 고향 가는 산 고갯길

행복한 여름

화근 냄새
나를 녹일 듯 쫙 째는 더위
찬물에 한술 말은 밥덩이에
아끼던 새우젓으로 때우고

욕지거리 구시렁 구시렁
독안에 남은 식혜
말 통에 막걸리
좀 남은 줄 알았는데
바닥 긁는 소리가 난다

내 생의 끝에서
울리는 소리 같은.....

여름의 향연

왕—-왱 왕—-왱 왕매미
온 산이 떠나가라 왕—왱
나뭇잎 뒤에 몸을 숨긴 채
한 때를 살다가는 서글픔의 비애를
온 세상에 흩어 놓는다

그렇게 무수한 나날을 살면서도
알맹이 없이
어물쩍 담 넘어 왔으므로 세월의
가르침을 흘러들었구나 인간아 왕—왱

둘이 만나 사는 일에 어찌 소리가 없을까마는
앞서지 말고 아내 뒤를 따라가는 마음을 가지면
감잎만한 자존심 따위도
부부금실에 문제가 없나니

왕왕 부닥치며 큰 소리 나도록 콩을 볶다가
어느 날
누군가 한 쪽이 먼저 영혼을 놓거나 아니면
어느 한 쪽이 정신을 癡呆치매에 빼앗길 때

후회 한들 상대가 이해 못하는 謝過사과는
후회가 아니라 한탄이겠지
욍—앵
앵

큰누나 작은누나

보릿고개, 대식구 입하나 들자고
일찍이 글 배움은 먼 나라일이고
어머니는 바느질과 요리를 잘해야
모름지기 여자가 된다며 살림을 가르쳐서
열일곱만 차면 시집을 보냈는데
그 마을에서는
바느질이며 음식솜씨에 우꾼했습니다

피하지 못하는 질긴 가난을
한 등짐 짊어주어 대식구가 사는 시집살이로
가까운 곳은 엄마 생각한다고 멀리 보냈습니다
큰 누나를 이어 작은 누나도
그렇게 시집을 갔습니다

어머니는 육이오 끝난 직후
없는 살림 제사 다가오듯 땟거리가 오면
시부모 봉양 먼저 살핀 뒤 식구 챙기고 나면
밥솥 바닥 긁는 소리가
피를 뽑는 소리 같았다며 혀를 껄껄 찼습니다
어머니는 동생들을 낳기만 했고

돌보는 일은 누나들이 전담했는데
亂離난리 그 와중에도 동생들 알뜰히 키워
세상에 내 보낸 우리 누님들이 여장부지요

누구랄 것 없이 그 시절 피할 수 없는
가난이 숙명이고 눈물의 고개였지요

어머니는
귀한 아들업고 넘어졌다며
누님 다친 건 모르는 일
나를 포대기에서 빼내어 보듬고는
서슴없이 모진 매를 가해도
견뎌냈답니다

요즈음은 우리집안에
시인 나고 화백 났다며
어깨를 우쭐거리며 자랑이 늘었습니다
그래야지요,
누님께 인생하나 더 드릴 수만 있다면
얼마나 좋겠는지요

귀동자 저희들 키우신다고
어머니 뺨도 수없이
맞았다는데
올 가을에 몸보신 하시고 구경도 하시고
이제 편히 좀 사세요 누님

십년동지

살결 하나 노출 없이 마스크로 얼굴을 가렸네요
아담한 채구에 깔끔한 일상복의 단아한 차림
부드러운 콧노래를 섞은 얌전하고 예쁜 산책 걸음
각시처럼 땅만 보고 걷는 모습에 매혹되어
십 년 전부터 내 관심 측후소에 들어 온 여인

머리카락 하나 노출 없고
사계절 늘 그 복장에 얌전한 산길 걸음
비가 오나 눈이오나 일정한 시간에
오랜 세월 산길을 오가는데
나도 모르게 궁금한 마음의 동지가 되었지요

어떨 땐 엇갈린 길을 기다리다 오기도 했는데
산책길의 궁금함 그 여인의
걸음 때문 일지도 모릅니다
왜 얼굴을 감출까요
손 발 어딘가에 화상을 입었을까요
내어놓기 싫은 성형의 부작용이 있을까요
허술한 세상의 때를 묻히지 않으려는 걸까요
그 오랜 세월 말 한마디 걸지 못한 산책길 동지였지요

목젖에 눌린 궁금증 인사말이 들숨을 막는데도
십년 산책길 동지를 잃을까 조심
화장향기를 맡으며 잔걸음으로 곁을 스치며
'푸' 하고 숨을 고릅니다
산책길 예쁜 걸음처럼
얼굴도 마음도
그렇게 예쁘길 바라는 마음은 무엇 때문일까요
그 걸음에 관심을 왜 가졌는지
나도 모르겠습니다

토리 알 밤 같은 뉘 소년의 누나인지
복숭아 빛 고운 뺨 뉘 아내인지
수줍음 많은 눈이 크고
겁이 많은 처녀인지
더해가는 궁금함이
풀리는 그날을 기대하며
내일도 오늘처럼
짧은 평발을 산책길에 심습니다

빗물에 씻긴 사랑

지은이/ 홍영택

2016. 2 .5. 초판발행

펴낸곳/ 도서출판 엠-애드
서울시 중구 충무로4가 36-7
전화/ 02)2278-8063/4
팩스/ 02)2275-8064
e-mail/madd1@hanmail.net
등록번호/ 제2-2554

책임편집/ 이승한
디자이너/ 이수미
전산팀/ 임영희

정가: 10,000원

ISBN 978-89-6575-082-6　03810